백승주 박사의 K-외교 이야기

1 전쟁과 평화편

동아일보사

미·래·의··리·더·들·에·게

개정증보판을 내면서

2009년 '백승주 박사의 외교 이야기'란 초판을 낸 지 14년이 지났다. 그간 필자 개인 신상에 적지 않은 변화가 있었다. 2013년에 국방부 차관을 했고, 2016년에 고향인 구미지역에서 국회의원으로 선출됐다. 2020년에는 프리랜서가 됐다.

프리랜서 기간에 월간 '신동아'에 '백승주칼럼'이라는 문패를 달고 매월 미니에세이(칼럼)를 썼다. 문패 안에 걸린 36개의 미니에세이는 나의 분신이다. 행정가, 정치인으로 '외도'를 한 이후에 글을 쓰는 일은 쉽지 않았다. 지면을 내어 준 '신동아'에 감사드린다. 칼럼 게재를 제안한 배수강 기자가 내용 일부를 만화로 재구성해 '외교이야기 증보판'을 만드는 게 어떠냐고 제안했다. 흔쾌히 받아들여 이 책을 내게 됐다.

개정증보판을 만들면서 2009년 6월 초판 발행 직후에 했던 '미니 출판기념회'가 생각났다. 박근혜 당시 국회의원을 비롯한 25분의 지인들을 초대한 조촐한 저녁식사 자리였는데, 그때 참석한 많은 분들이 우리나라 경제계, 정치계, 언론계에서 큰 역할을 하고 있어 감회가 새롭다.

증보판을 기획하는 기간에 글로벌 차원에서 두 개의 큰 전쟁이 발발했다. 우크라이나 전쟁과 이스라엘-하마스 전쟁이다. 한반도 정치에서는 북한 핵이 강화되고, 윤석열 정부의 원칙을 강조한 대북정책이 진행되면서 긴장이 유지되고 있다. 이처럼 급변하는 세계정세에 맞춰 16개 주제의 만화를 새로

그렸고, 기존 만화 내용과 설명도 새로 쓰면서 재구성했다. 책은 글로벌 전쟁과 한반도 안보 상황을 담은 1편 '전쟁과 평화', 외교·안보 마인드의 중요성을 소개한 2편 '전략과 번영' 두 권으로 편집했다.

"하늘을 두려워하고(尊天), 땅·바다에 감사하고(謝地), 인간을 귀하게 여기고(重人), 남북통일에 기여(寄與 南北統一)하는 삶을 만들자"는 게 필자의 좌우명이자 기도문이다. 필자가 즐기는 명상의 화두(話頭)이기도 하다. 지난 삶의 이력 중에서 필자가 가장 의미 있게 생각해온 '만화로 출판한 외교 이야기'는 남북통일에 기여하는 일의 일부에 해당할 것이다.

끝으로 증보판을 만드는 데 큰 도움을 준 동아일보 출판국 기자들과 황승경 박사, 정승혜 작가, 그리고 여러 디자이너들께 감사의 마음을 전한다. 필자 나름의 좌우명과 삶의 지표를 만드는 데 영향을 준 부모님 영전에 이 책을 바친다. 아울러 사회적 안목을 키우는 데 큰 영향을 미친 김정길 선생님, 오상중·성광중·심인고·부산대 재학시절의 많은 은사님들께 감사드린다. 특히 지은이에게 현대사와 공동체, 남북통일에 대한 인식의 지평을 열어주시고, 현재는 대구2·28민주운동의 영원한 지도자로 국립4·19민주묘지에 영면하고 계시는 이대우 선생님께 특별히 감사드린다.

2023년 11월 백승주

차 • 례

미래의 리더들에게 _4
등장인물 _8

Part 1
21세기 전쟁과 평화

바이든의 SC : 핵무기 사용하면 북체제 소멸? _12
'아메리칸 파이'가 안보외교 수단이 될 줄이야 _16
우크라이나 전쟁과 춤추는 국제관계 _20
독일 참모총장, 최악의 순간 핵전쟁 걱정? _24
푸틴과 젤렌스키 결투 결과는? _28
우크라이나와 새로운 철의 장막 _32
탈레반 '4세대 전쟁'의 교훈 _36
대만해협 조용해야하는데? _40
일본의 방위백서, 독도를 탐내다니? _44
예루살렘은 누가 지배하고 있나? _48

Part 2
한반도發 총소리와 헌신

위대한 전쟁, 신라와 당나라 전쟁을 아는가? _54
서희의 코리아 외교 _58
독도를 지킨 어부 안용복 _62
빼앗긴 깃발과 잊힌 조선의 영웅들 _66
윤봉길 의사의 물통폭탄과 'No pay, No Say' _70
주한 유엔군사령부는 왜 설치됐나? _74
서울수복과 이승만의 안보외교 _78
프랑스 몽클라르의 한국전 백의종군 _82
방향 바꿔 진격, 장진호 전투의 영웅들 _86
한국군의 아버지 밴플리트 장군 _90

Part 3 북한체제 유지와 도전

스탈린 신뢰한 루스벨트 대통령의 실수 _96
북한 남침과 5일 만에 도착한 스미스특임대 _100
후세인은 왜 사형됐을까? _104
탈북자의 시선 : 보트피플과 마른 발 젖은 발 _108
테러지원국으로 지목된 북한 _112
북한 김정은 고백외교의 후폭풍 _116
마타하리의 비극과 첩보외교 _120
윤영하함과 북방한계선 _124
북한의 핵무기 독트린 _128
북핵해결, 복어요리사의 심정으로 _132

Part 4 전쟁과 흥망성쇠

후금 누르하치의 야망과 전쟁 _138
비단 보자기의 진실과 헤이그 국제정치 _142
체임벌린의 전쟁회피론과 히틀러 _146
위조지폐와 제2차 세계대전 _150
체력이 튼튼해야 백두산도 우리 것! _154
한·중관계도 자주 바뀐다 _158
9·11테러와 감성동맹 _162
일본의 평화헌법 _166
노르웨이 왕세자 부부와 유엔기념공원 _170
클레오파트라의 미모도 외교전략 _174

등·장·인·물

백 박사
외교·국방의 달인. 무슨 화제든 일단 말을 꺼내기만 하면 외교·국방 이야기로 마무리한다.
만우절에 기적처럼 일어났으면 하는 일이 뭐냐고 물어봐도 북한 지도자의 결심으로 핵문제가 완전히 해결되는 것이라고 말할 정도로 자나깨나 외교·국방 생각뿐.

핑꼬

뭐든 하고 싶고, 힘도 세고, 목소리도 크고, 불의를 보면 참지 못하는 열혈소녀.
'블랙핑크'를 보면 K-POP 스타가 돼 빌보드 차트 정상에 오르고 싶고, 골프를 잘해서 명예의 전당에 헌액되고 싶다. 한때 말괄량이였지만 지금은 마음을 잡은 울리와 좋아하는 사이.

핑꾸
핑꼬 반으로 전학 온 친구다.
핑꼬와 이름이 비슷해서 핑꼬의 오빠로 오해받는다.

몽돌이

유엔 사무총장과 사무직이 헷갈리지만 깔끔한 성격을 갖고 있다. 할아버지는 1950년 서울탈환의 주역이었다고 한다.

울리

뽈리의 형으로 핑꼬를 사랑한다. 한때 동네를 주름잡은 말썽꾸러기였다. 하지만 백 박사님을 만나면서 백팔십도 달라졌다. 놀랄 정도로 외교·국방 분야에서 아는 것이 많아지고 생각도 깊어졌다.

뽈리

울리의 동생. 똑똑하고 사리분별력이 뛰어나다. 핑꼬와는 친구 사이지만 의견 충돌도 잦다. 외교·국방 분야에 궁금한 점이 많은 미래의 외교관이다.

뽀글이

부반장이지만 친구들을 괴롭히는 말썽꾸러기. 자전거를 빌려가 일주일이나 가져오지 않고, 게임기를 빌려달라고 억지를 부리는 등 핑구를 괴롭힌다.

핑구

핑꼬의 사촌. 마음이 여려서 뽀글이에게 괴롭힘을 당해도 참는다.

지니

이승만 대통령처럼 눈병에 걸렸지만 외계인의 도움으로 치료받는 꿈을 꾸는 등 상상력이 풍부한 어린이다.

Part 1

21세기 전쟁과 평화

미국과 북한, 러시아와 우크라이나,
중국과 대만, 이스라엘과 아랍, 일본과 한국 독도….
제3차 세계대전은 아니라도,
21세기 지구촌에는 전쟁과 불안한 평화가 공존한다.
오늘날 전쟁은 왜 일어나는 걸까?
우리는 어떻게 평화의 길로 나아가야할까?

바이든의 SC : 핵무기 사용하면 북체제 소멸?

21세기 전쟁과 평화 01

 **Tip** **워싱턴 선언** 2023년 4월 윤석열 대통령은 한미동맹 70주년을 맞아 열린 백악관 정상회담에서 조 바이든 미국 대통령과 '워싱턴 선언'을 채택했다. 한미 양국이 확장억제를 위한 별도의 공동합의문을 채택한 건 이번이 처음이다. 양국은 북한의 위협에 대응해 핵과 전략무기 운영 계획에 대한 정보를 공유하고, 한국의 첨단 재래식 전력과 미국의 핵전력을 결합한 공동작전을 함께 기획하며 그에 따른 실행방안을 정기적으로 협의하기로 했다.

Tip

전략적 커뮤니케이션(Strategic Communication) 조직의 목표, 임무 또는 가치를 발전시키기 위해 사용하는 커뮤니케이션 원칙, 전략 및 이니셔티브를 설명할 때 쓰는 용어다. 조직의 의도대로 명확한 주제와 아이디어, 이미지와 행동 양식을 아우르는 메시지의 개발·소통을 강화한다는 특징을 갖는다.

◀ 한미동맹 70주년을 맞아 2023년 4월 '워싱턴 선언'을 채택한 윤석열 대통령(오른쪽)과 조 바이든 미국 대통령.

'아메리칸 파이'가 안보외교 수단이 될 줄이야

21세기 전쟁과 평화 02

Tip

아메리칸 파이 2023년 4월 26일(현지시간) 미국을 국빈방문 중이던 윤석열 대통령은 만찬 중 바이든 대통령에게 미국 팝 작곡가 돈 맥클린의 친필 사인이 담긴 통기타를 선물받았다. 윤 대통령이 평소 그의 노래 '아메리칸 파이' 등을 즐겨 듣고 부른다는 점에 착안한 깜짝 선물이었다. 이에 내빈들이 노래를 요청하자, 윤 대통령은 '아메리칸 파이'를 1분여 불러 화답했고 기립 박수를 받았다.

Tip

<u>정상외교</u> 대통령, 주석, 군주, 총리(의원내각제) 등 세계 각국 정상(頂上)들이 펼치는 외교. 정상들이 직접 선물을 건네며 친밀감을 쌓으니 어려운 국제관계 현안도 풀어낼 수 있다. 역대 대통령이 정상외교에서 받은 선물은 세종시 대통령기록관에 전시돼 있다.

▶ 2023년 7월 25일 서울 용산구 전쟁기념관을 방문한 신디 키로 뉴질랜드 총독(앞줄 오른쪽에서 두 번째)이 '연가'를 부르고 있다. 이날 백승주 박사(전쟁기념사업회 회장·앞줄 맨 오른쪽)가 뉴질랜드군이 6·25전쟁에 참전하면서 민요 '포카레나 아나'가 '연가'로 알려졌다고 하자 즉석에서 노래를 불렀다.

우크라이나 전쟁과 춤추는 국제관계

21세기 전쟁과 평화 03

Tip

나당전쟁 신라는 7세기 중반 당나라와 연합을 맺고 660년 백제, 668년 고구려를 차례로 무너뜨렸다. 이후 당나라가 백제 지역에 웅진도독부, 고구려 지역에 안동도호부를 설치하며 한반도를 실질적으로 지배하려 하자, 670년 다시 당나라를 상대로 전쟁을 선포했다. 당시 신라의 군사력은 당나라에 비할 수 없을 정도로 약했지만, 676년까지 이어진 '7년 전쟁' 끝에 신라가 승리하면서 한반도 첫 번째 통일국가가 건설됐다.

 **Tip**

토번제국 티베트 고원 중앙에 세워진 고대 왕국으로, 617년에서 842년까지 지속됐다. 티베트 지역 역사상 가장 강성했던 왕조. 특히 나당전쟁 시기 당나라를 위협하고 조공까지 받을 만큼 힘이 셌다. 669년엔 당나라를 침략해 큰 타격을 가하기도 했다. 당나라가 신라와의 전쟁에 집중할 수 없도록 만든 것이다. 당시 토번제국이 당나라를 견제하지 않았다면 당나라는 백제, 고구려에 이어 신라까지 복속했을 가능성이 크다.

◀ 2022년 10월 서울 여의도 국회를 찾은 북대서양조약기구(NATO) 의회연맹 대표단. 나토는 러시아와 우크라이나 간 전쟁에서 우크라이나를 지원하고 있다.

독일 참모총장, 최악의 순간 핵전쟁 걱정?

21세기 전쟁과 평화 04

 **Tip**

독일과 폴란드, 우크라이나 제2차 세계대전은 독일의 폴란드 침공으로 시작됐다. 독일은 1939년 폴란드를 공격한 뒤 1945년까지 점령했고, 이때 폴란드와 맞닿은 우크라이나 서부지역에도 친독(親獨) 정부를 건설했다. 유럽대륙 중부에 나란히 위치한 3국은 역사적으로 긴밀한 관계여서 독일은 우크라이나-러시아 전쟁에 각별한 관심을 갖고 있다.

Tip

게임체인저 어떤 일에서 세상의 흐름을 바꿔 놓을 만한 혁신적인 역할을 한 인물이나 사건, 제품 등을 지칭하는 말로, 기발하고 독자적인 아이디어를 바탕으로 새로운 분야를 창조해 전세계에 큰 변화를 일으킨 인물을 지칭하기도 한다. 대표적으로 애플 창업자 스티브 잡스, 메타(페이스북) 창업자 마크 저커버그, 구글 창업자 래리 페이지 등이 손꼽힌다.

◀ 2023년 6월 5일 서울 용산구 전쟁기념사업회에서 백승주 박사(왼쪽)가 카르스텐 브로이어 독일 연방군 참모총장과 환담을 나누고 있다.

푸틴과 젤렌스키 결투 결과는?

21세기 전쟁과 평화 05

박사님. 어디 가세요?

민간인이 군용 지프차를… 무슨 잘못을 했기에… 군인 아저씨, 박사님 왜 잡아가셔요?

잡아가는 게 아니고 모셔간단다. 전 국방부 차관님 모시고 특별 강연을 들으려고.

 **Tip**

우크라이나-러시아 전쟁 2022년 2월 24일 러시아가 우크라이나를 침공하면서 발발한 전쟁. 2024년 임기가 만료되는 푸틴 러시아 대통령이 종신집권 기반을 다지려고 개시한 전쟁이라는 분석이 있다. 개전 초기 러시아에 압도적으로 우세한 전황이 조성됐으나, 국제사회 지원을 받은 우크라이나가 반격에 나서면서 일진일퇴의 전투를 벌였다.

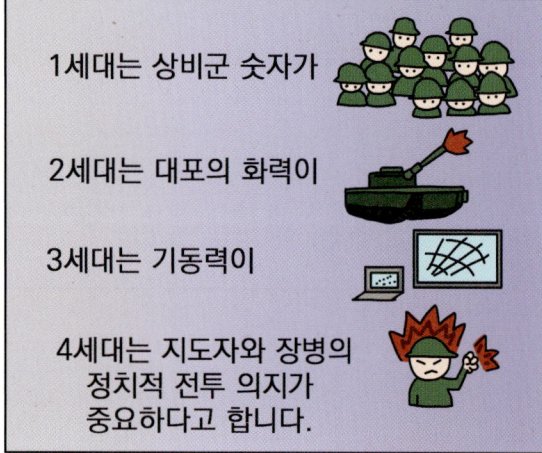

Tip

4세대 전쟁 미군 예비역 대령이자 전쟁학자인 토머스 하메스가 창안한 개념. 하메스는 19세기 근대국가가 상비군을 확립해 벌인 전쟁을 '1세대 전쟁', 기계화된 장비를 바탕으로 한 제1차 세계대전을 '2세대 전쟁', 전략지역에 대한 전격적 침략 양상을 보이는 제2차 세계대전을 '3세대 전쟁'으로 각각 명명한다. 이후 나타난 4세대 전쟁의 특징은 정치 지도자와 장병의 전투 의지가 승패에 결정적 영향을 미치는 것이라고 한다.

◀ 2023년 5월 21일 일본 히로시마에서 열린 G7 정상회의에 참석한 젤렌스키 우크라이나 대통령(오른쪽)이 윤석열 대통령과 악수를 나누고 있다.

우크라이나와 새로운 철의 장막

21세기 전쟁과 평화 06

Tip 철의 장막(iron curtain) 제2차 세계대전 이후 옛 소련이 해체되기 전까지 동유럽과 서유럽의 군사전략적 경계선을 상징하는 용어다. '철의 장막'이라는 말은 히틀러의 선전담당 참모였던 조셉 괴벨스가 처음 썼다. 이후 윈스턴 처칠 영국 총리가 미국 웨스트민스터 대학 초청 강연 때 '평화의 원동력들'이란 연설을 하며 널리 알려졌다.

옛 소련의 붕괴 이후 냉전체제가 무너지면서 철의 장막도 제거됐지.

철의 장막이란 말을 누가 만들었나요?

무시무시해.

히틀러의 선전담당 참모였던 조셉 괴벨스가 1945년 2월 발표한 논문에서 처음 썼어. 제2차 세계대전 이후 유럽에 '철의 장막'이 드리워질 거라고 예언했지.

이 말을 널리 알린 사람은 영국의 윈스턴 처칠 총리야.

 **Tip**

러시아의 우크라이나 침략 러시아가 2022년 2월 24일 우크라이나 수도 키이우를 미사일로 공습, 전면 침공을 감행하면서 양국간 전쟁이 시작됐다. 블라디미르 푸틴 러시아 대통령이 이날 연설을 통해 북대서양조약기구(NATO)의 확장과 우크라이나 영토 활용은 용납할 수 없다고 밝혔다. 이로써 2021년 10월 러시아가 우크라이나 국경에 대규모 병력을 집중시키면서 고조됐던 위기는 결국 전면전으로 이어지게 됐다.

◀ 2022년 우크라이나 제2도시 하르키우에서 러시아군의 로켓 공격으로 아파트 건물과 거리에서 불이 나자 물을 뿌리고 있는 우크라이나 소방관들(왼쪽)과 아들을 잃고 울부짖는 여성(오른쪽).

탈레반과 '4세대 전쟁'의 교훈

21세기 전쟁과 평화 07

 **Tip**

탈레반 이슬람 경전을 급진적으로 해석한 탈레반은 1996년 당시 아프카니스탄 라바니 정부를 무너뜨리고 집권하는 데 성공했다. 이슬람의 샤리아법(종교법)을 앞세워 도둑은 손을 자르고 불륜을 저지른 여성은 돌로 쳐 죽이는 벌을 허용하는 등 반인권적으로 사회를 통제했다. 2001년 미국이 아프카니스탄에 대규모 공습을 단행하면서 힘을 잃었다가 2021년 8월 미군 철수 때 지배자로 부활했다.

Tip

4세대 전쟁 1940년대 중국 공산당 지도자 마오쩌둥은 장제스의 국민당군과 벌인 국공내전에서 군사적 열세를 딛고 승리를 거뒀다. 베트남 공산당 리더 호치민도 1973년 세계 최강대국 미국을 영토 밖으로 몰아냈다. 이처럼 군사력보다 '정치적 의지'가 승패에 결정적 영향을 미치는 게 4세대 전쟁의 특징이다.

 **Tip**

아프가니스탄 전쟁 아시아와 중동 사이에 위치한 아프가니스탄은 지정학적 중요성 탓에 강대국들의 침공이 이어졌다. 19세기에는 러시아가 남하하자 이를 견제하기 위해 영국이 아프간을 침공했지만 아프간군의 저항에 1919년 독립을 허용했다. 이후 1979년 소련은 이슬람 원리주의 무장세력 무자헤딘(전사들)을 진압한다는 명분으로 침공했지만 1989년 철수했고, 미국은 2001년부터 20년간 아프간을 점령했지만 2021년 8월 철수했다.

대만 해협
조용해야 하는데?

21세기 전쟁과 평화 08

Tip **양안(兩岸)관계** 중국과 타이완은 상대를 국가로 인정하지 않는다. 중국은 지구상에서 중국은 하나라는 입장이고, 타이완은 자국이 합법정부라는 입장을 취하고 있다. 따라서 양국은 양국관계 대신 양안관계라는 표현을 쓴다. 여기서 안(岸)은 언덕을 의미한다. 타이완 해협을 사이에 두고 중국 대륙이라는 언덕과 타이완 섬이 만들어낸 관계라는 뜻이다.

 **Tip 중국의 타이완 정책** 1949년 중국 대륙에서 '중화인민공화국'이 수립돼 공산화가 이뤄지자, 내전에서 패한 장제스 국민당 정부는 타이완으로 도피해 '중화민국'을 선언했다. 1949년부터 1955년까지 중국은 무력으로 타이완을 통일하려는 정책을 추진했다. 이후에는 타이완이 독립을 선언하고 독립하지 않는 한 무력 사용을 자제하는 평화적 해방정책을 추진하고 있다.

◀ 대만 인근에서 군사훈련 중 공중 급유를 받는 중국 전투기.

일본의 방위백서, 독도를 탐내다니?

21세기 전쟁과 평화 09

대체 무슨 일이야?

화난 것 같아!

후~ 너희들 왔구나. 내가 격파를 좀 해야겠구나.

박사님, 안 좋은 일 있으세요?

일본 정부가 2008년 9월 5일 각료회의를 통해 의결한 방위백서에서 독도를 일본 고유 영토인 다케시마라고 했거든.

 **Tip**

백서(白書, White Paper) 정부가 기본 정책을 권위 있게 소개하는 책(보고서)이다. 백서의 백(白) 자는 '하얗다' 또는 '알린다'는 의미가 있다. 고백(告白)할 때의 백(白)이 알린다는 뜻이다. 백서는 원래 의원내각제인 영국에서 내각(행정부)이 의회의원들에게 업무를 보고하기 위한 문서였다. 문서 표지가 하얀색이어서 정부의 공식 문건을 '화이트 페이퍼(White Paper)'라고 불렀다.

 **Tip**

독도 경상북도 울릉군 울릉읍 독도리에 있는 섬이다. 일본은 1905년 독도를 다케시마로 부르며 시마네현에 편입한 뒤부터 영유권을 주장하고 있다. 2005년 3월 16일에는 일본 시마네현 의회가 매년 2월 22일을 '다케시마의 날'로 정하는 조례안을 가결했다. 이에 우리 정부는 강력하게 반발하며 2005년 3월 17일 일반인의 독도 방문을 전면 허용하고 대일(對日) 신독트린을 발표했다.

◀ 독도를 찾은 학생들이 기념사진을 찍고 있다.

예루살렘은 누가 지배하고 있나?

21세기 전쟁과 평화 10

Tip

이스라엘 기원전 1세기경 유대왕국이 멸망하자 유대인들은 오랫동안 세계 각지로 흩어져 살았다. 제2차 세계대전 후 팔레스타인 지역에 아랍인들과 유대인들의 국가를 각각 건설한다는 유엔의 결정에 따라 1948년 지중해 동남 연안과 아라비아 반도 서북 일대에 이스라엘이라는 국명으로 건국됐다.

 **Tip**

예루살렘 이스라엘의 정치적 수도다. 유대교, 그리스도교, 이슬람교가 저마다 성지로 받들고 있는 곳이다. 유적지가 많아 통곡의 벽(유대교), 성묘교회(그리스도교), 오마르사원(이슬람교) 등이 유명하다. 제1차 중동전쟁에서 1967년 제3차 중동전쟁까지는 요르단과 이스라엘이 예루살렘을 분할 지배했지만 1967년부터 이스라엘이 일방적으로 지배하고 있다.

◀ 동예루살렘에 있는 통곡의 벽(왼쪽)과 서양 교회 건축의 효시가 된 예루살렘의 성묘교회(오른쪽).

Part 2

한반도發 총소리와 헌신

강대국들 틈바구니 낀 지정학적 위치상
한반도의 역사는 곧 외침과 응전의 역사였다.
한반도에 살았던 우리 선조들은
수많은 외침 속에도 어떻게 나라를 지켜왔을까.
그리고 한반도 최악의 비극 6·25전쟁에서
한국군과 연합군은 어떻게 대한민국을 지켰을까.

위대한 전쟁, 신라와 당나라 전쟁을 아는가?

한반도發 총소리와 헌신 01

 **Tip**

전쟁기념사업회(전쟁기념관) 1989년 건립된 국가기관. 명칭의 '기념'은 '뜻깊은 일을 잊지 않고 생각한다'는 뜻이다. 역사적으로 존재했던 전쟁을 기억하고, 그 교훈을 널리 알림으로써 다시는 이 땅에 전쟁이 일어나지 않도록 하는 것을 사명으로 한다. 건립 목적은 '전쟁에 관한 자료를 수집·보존하고, 전쟁의 교훈을 통해 전쟁 예방과 조국의 평화적 통일을 이룩하는 데 이바지하는 것'(전쟁기념사업회법 제1조)이다.

Tip

전쟁기념관 서울의 중심 용산에 있는 전쟁·군사 종합박물관. 전쟁기념사업회가 운영한다. 호국추모실, 전쟁역사실, 6·25전쟁실, 해외파병실, 국군발전실 등 다양한 전시실을 통해 전쟁과 군사에 대한 풍부한 정보를 제공한다. 야외에도 다양한 조형물이 설치돼 관람객들이 전쟁의 교훈을 기억하고 평화의 소중함을 인식하는 데 도움을 준다. 무료. 매주 월요일 정기 휴관.

◀ 서울 용산구 전쟁기념관에 전시된 '자유의 수호자들'. 이승만 전 대통령과 6·25전쟁 당시 유엔군 사령관을 지낸 클라크 장군 등 한미 양국의 정치 및 군사 지도자를 한자리에 모았다.

서희의 코리아 외교

한반도發 총소리와 헌신 02

Tip

북대서양조약기구(NATO, North Atlantic Treaty Organization) 제2차 세계대전 후 서유럽 국가들은 동유럽에 주둔하고 있던 소련군과 군사적 균형을 맞추기 위해 체결한 방위조약을 체결하고 나토를 조직했다. 소련에 대한 집단안전보장으로 시작되었으나 옛 소련이 붕괴된 이후 유럽의 국제적 안정을 도모하는 정치기구로 변했으며, 2023년 현재 31개국이 가입해 있다.

Tip

마케도니아 마케도니아는 고대 그리스의 철기문화를 꽃피운 지역에 위치해 있어 알렉산더 대왕이 부흥시킨 마케도니아 왕국의 역사를 자기들의 것으로 여긴다. 그리스는 마케도니아가 북대서양조약기구 가입을 추진하자 나라 이름을 문제 삼았고, 결국 마케도니아는 2019년 국호를 '북마케도니아공화국'으로 바꾼 뒤 이듬해 북대서양조약기구에 가입했다.

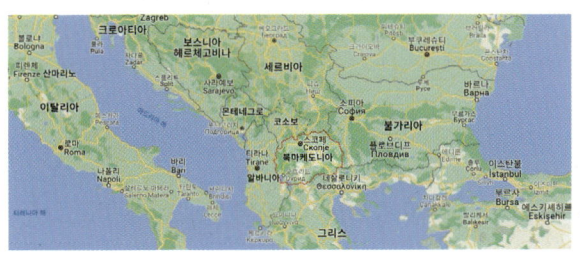

◀ 북마케도니아는 그리스 북쪽에 위치해 있으며 한반도의 약 8분의 1 면적에 인구가 약 208만 명인 작은 국가다. (구글 캡처)

독도를 지킨 어부 안용복

한반도發 총소리와 헌신 03

◀ 우리나라에서 가장 먼저 해가 뜨는 독도에서 구름을 뚫고 해가 떠오르는 광경.

Tip

안용복(安龍福, ?~?) 조선시대의 평범한 어부다. 1693년 울릉도 지역을 침입한 일본 어민을 혼냈고, 일본 지방정부 관리 앞에서 당당하게 울릉도가 조선 땅임을 밝혔다. 1696년 다시 울릉도에 고기잡이를 나갔다가 일본 어선을 발견하고 독도까지 추격해 나포했다. 일본 호키슈(지금의 돗토리현)에 가서 자신은 울릉도와 독도 지역 세무관리라며 일본 어민의 불법 고기잡이를 비판하고 사과를 받아냈다.

Tip

독도의 유래 독도는 조선 초기 '우산도' 또는 '삼봉도'라 불렸다. 17세기에 울릉도 영유권 문제가 불거졌을 때 안용복의 외교활동으로 1696년 일본은 울릉도와 함께 독도가 조선 땅임을 인정했다. 1881년부터 조선은 독도를 개발하기 시작했고 독도는 울릉도 어민들의 여름철 어업기지로 이용됐다. 이때부터 '독도'라 불려 오늘에 이르고 있다.

빼앗긴 깃발과 잊힌 조선의 영웅들

한반도發 총소리와 헌신 04

 **Tip**

신미양요 1871년(고종 8년) 미국이 제너럴셔먼호 사건(1866년)에 대한 응징과, 조선과 통상관계를 수립하기 위해 무력으로 침략한 사건. 미국 해군과 어재연 장군의 수군이 강화도에서 치열한 전투를 벌여 미국 해군은 3명, 조선은 400여 명의 사상자가 생겼다. 이를 계기로 흥선대원군은 전국에 척화비를 세워 쇄국정책을 더욱 강화했다.

 **Tip**

수(帥)자기 조선시대에 지휘권의 상징으로 내걸던, 삼베로 만든 장수 깃발이다. 어재연 장군기는 1871년 신미양요 때 사용했던 깃발로 미군이 가져갔다. 강화도 상륙작전 중에 전사한 매키(Mackee) 중위가 해군사관학교 출신이라서 그를 기리기 위해 메릴랜드주 애나폴리스 해군사관학교 박물관에 보관돼 있었다. 2007년 10월 22일 임대 형식으로 국내에 들여왔다.

▶ 고종 8년에 일어난 신미양요 당시 강화도 광성보전투에서 미군의 전리품으로 노획됐던 어재연 장군기.

윤봉길 의사의 물통폭탄과
'No pay, No say'

한반도發 총소리와 헌신 05

우와~ 지독한 황사 바람이닷~!

휘이잉

부웅 으악 아

아이고~ 여기가 어디냐?

쿵 퍽 퉁

70

# Tip

황사 봄철에 중국이나 몽골 사막에서 모래와 먼지가 편서풍을 타고 멀리 날아가는 현상이다. 하늘 높이 올라간 미세한 모래먼지가 대기 중에 퍼져 하늘을 덮었다가 서서히 떨어진다. 황사는 목초지 감소와 지구온난화로 중국의 사막화가 급속히 진행되면서 심각해지고 있다. 우리나라와 북한, 일본이 황사 피해를 가장 많이 입는 나라다.

Tip 윤봉길(尹奉吉, 1908~1932) 1932년 4월 29일 중국 상하이 훙커우 공원에서 벌어진 일왕의 생일 축하 행사장에 폭탄을 던진 독립운동가다. 이 폭발로 시라카와 일본군 대장이 즉사했고 여러 일본인이 중상을 입었다. 윤봉길 의사는 우리의 독립의지를 국제사회에 알렸으며, 중국지도자 장제스는 '4억 중국인이 해내지 못하는 위대한 일을 한국인 한 명이 해냈다'고 격찬했다.

◀ 1932년 4월 26일 한인애국단에 가입한 뒤 입단 선언문을 가슴에 걸고 기념촬영한 윤봉길 의사.

◀ 동아일보는 1932년 4월 29일 중국 상하이 홍커우 공원 의거 당일 2차례, 다음 날 1차례 호외를 통해 의거를 대서특필했다.

주한 유엔군사령부는 왜 설치됐나?

한반도發 총소리와 헌신 06

 **Tip**

유엔군사령부 1950년 6·25전쟁이 발발하자 자유민주주의를 수호하고자 유엔의 기치 아래 참전한 미국, 영국 등 21개국의 병력으로 구성됐다. 유엔군사령부는 3년여에 걸친 전쟁에서 북한의 무력침공을 성공적으로 막아냈다. 이후 지금까지 한반도의 평화와 자유민주주의를 수호하고 있다.

 **Tip**

한미연합사령부 한국과 미국 정부가 합의해 1978년 11월 7일 창설한 한국군과 주한 미군을 통합·지휘하는 기관이다. 한국에 대한 적의 도발이 있을 경우 '한미상호방위조약'에 의거해 양국이 즉각 대응할 수 있다. 이후 한국의 경제 발전과 공산권 붕괴로 주한 미군의 역할에 변화가 생기자 1992년 12월 2일 한미연합사령부 지휘권이 한국군으로 정식 이양됐다.

◀ 2021년 5월 취임한 폴 러캐머라 한미연합사령관.

서울수복과 이승만의 안보외교

Tip

9·28서울수복 1950년 6월 28일 북한군에게 점령당한 수도 서울을 한국군과 유엔군이 같은 해 9월 28일 탈환한 일을 말한다. 9월 15일 인천상륙작전이 성공해 전세가 역전되자 서울 탈환의 교두보가 마련됐다. 9월 28일 한국 해병대가 중앙청에 태극기를 게양하며 서울은 90일 만에 완전 수복됐다. 9월 29일 정오에 중앙청에서 서울탈환식이 열렸다.

Tip

6·25전쟁 1950년 6월 25일 새벽 4시 북한군은 당시 남북한 경계선이었던 위도 38선을 기습적으로 침략했다. 3년 1개월의 전쟁기간 중 250여만 명이 사망했고, 80%의 산업시설과 교통시설이 파괴됐다. 1953년 7월 27일 휴전협정으로 전쟁이 중단됐다. 종전이 아닌 휴전으로 전쟁이 중단됐기 때문에 남북은 국제법적으로 전쟁 중이다.

▶ 서울을 수복하고 중앙청에 게양한 감격의 태극기(왼쪽)와 중앙청에서 열린 서울탈환식. 이승만 대통령과 맥아더 원수의 모습이 보인다(오른쪽).

프랑스 몽클라르의 한국전 백의종군

한반도發 총소리와 헌신 08

 **Tip**

랄프 몽클라르 장군(1892~1964) 1951년 2월 13일부터 15일까지 경기도 양평군 지평리에서 벌어진 전투 승리의 주역. 유엔군은 '지평리 전투'에서 중공군을 격퇴함으로써 전세 역전과 38선 회복의 발판을 마련할 수 있었다. 당시 지휘관 몽클라르 장군은 제2차 세계대전 종전 후 중장(4성)으로 예편했으나 프랑스가 6·25전쟁에 대대급 부대를 파견하기로 결정하자 이 부대를 지휘하려고 스스로 중령으로 계급을 낮추고 현역 복귀를 신청해 참전했다.

몽클라르 장군은 제2차 세계대전 전승국인 프랑스의 4성 장군 중장이었어. 6·25전쟁에 참전하기 위해 프랑스 국방부의 반대에도 4계급을 낮춰 한국에 왔단다. 프랑스식 '백의종군'을 선택했지.

인류평화를 위해 유엔군 일원이 되는 게 중요했단다. 그에게 계급은 의미가 없었지.

 **Tip**

백의종군 조선시대 무인 관료에 대한 징계 중 하나. 흰옷을 뜻하는 '백의(白衣)'는 계급장을 떼는 것을 의미한다. 요즘 용어로 하면 '직위해제'라고 할 수 있다. 백의종군 처분을 받은 관료라도 공을 세우면 원래 직을 회복할 수 있었다. 이순신 장군은 1587년 여진족이 조선 병사를 살해한 사건과 관련해 백의종군 처분을 받았다가 석달 만인 1588년 여진족 본거지를 초토화하고 추장을 사로잡은 공을 인정받아 복직했다.

▲ 경기 양평군 지평면에 있는 참전 충혼비. 비석에 '프랑스'라는 국명을 기록해 당시 전투 승리에 프랑스군이 크게 기여했음을 보여준다.

방향 바꿔 진격, 장진호 전투의 영웅들

한반도發 총소리와 헌신 09

TV 보고 왜 그렇게 한숨을 쉬어요?

TV가 낡아서 잘 나오지 않으면 새것으로 바꾸세요.

낡은 TV가 한숨 나오게 하는 것이 아니라, 새만금 세계스카우트잼버리 뉴스 때문에 속이 탄다.

아, 뉴스 봤어요 준비가 잘못돼 나라 망신이라고.

 **Tip** 올리버 프린스 스미스(Oliver Prince Smith, 1893~1977) 6·25전쟁 당시 미국 해병대 제1사단장으로 인천상륙작전 성공에 기여했다. 특히 장진호 전투에서 혹한을 극복하고 중국군 포위망을 뚫어내 흥남항까지 이동하는 철수작전을 성공적으로 지휘했다. 미국 정부는 그의 공로를 인정해 1950년 12월 십자수 훈장을 수여했다.

Tip

장진호 전투(Battle of Chosin Reservoir) 미군 역사상 가장 성공리에 후퇴한 전투 중 하나다. 이를 두고 중국에서는 전략적 승리, 미국은 전술적 승리라고 부른다. 1950년 11월 26일부터 12월 13일까지 계속된 장진호 전투에서 미군은 1029명 사망, 4894명 실종, 4582명 부상, 비전투 손실이 7338명에 달했다. 중국과 북한은 전사 2만 5000명에, 부상자 1만 2500명이 발생했다.

◀ 영어 뮤지컬 '다른 방향으로의 진격 (Attacking in Another Direction, 복거일 작 연출)'의 한 장면. 뮤지컬 제목은 장진호 전투 당시 스미스 해병 1사단장이 한 전설적인 발언 "우리는 철수하는 것이 아니라 적을 격멸하고 후방을 향해 새롭게 진격하는 것이다"에서 착안했다.

 **Tip** **웨스트포인트** 미국 뉴욕주에 있는 미 육군사관학교. 1802년 미국 3대 대통령 토머스 제퍼슨이 세웠다. '웨스트포인트'라는 이름은 미국 독립전쟁 때 뉴욕을 지키던 허드슨강가 요새 이름에서 따온 것이다. 엘리트 장교의 요람으로, 아이젠하워·카터 대통령을 비롯한 정치 지도자와 기업계 리더도 많이 배출했다.

Tip — **제임스 밴플리트 장군(1892~1992)** 제2차 세계대전과 6·25전쟁에 참전한 미군 장성이자 정치가. 1953년 대한민국 건국훈장과 태극무공훈장을 수훈했고, 퇴역 이후 미국에서 '코리아 소사이어티(The Korea Society)'를 만드는 등 평생 한미관계 발전에 헌신했다.

▲ 2022년 9월 뉴욕에서 열린 코리아 소사이어티 연례 만찬에서 조지 W 부시 전 미국 대통령이 연설하는 모습.

북한체제 유지와 도전

Part 3

냉전 이후 이념 갈등으로 분단된 유일한 국가인 남북한.
자유민주주의를 채택한 남한은 평화와 번영을 구가하고,
1인 독재체제를 채택한 북한은
통제와 빈곤의 일상 속에서 국제적 골칫거리로 전락했다.
북한은 우리에게 어떤 존재일까,
북한 핵문제는 어떻게 해결해야 할까.

 **Tip**

캠프 데이비드 한미일 정상회의 2023년 8월 18일, 미국 메릴랜드주에 있는 대통령 별장 캠프 데이비드에서 열렸다. 이 자리에서 3국 협력의 지침 격인 '캠프 데이비드 원칙(Principles)'과 그 이행 방안을 담은 '캠프 데이비드 정신(Spirit)', 북한의 핵·미사일 위협 등에 공동 대응할 것을 천명하는 별도 문서 '3자 협의에 대한 공약(Commitment to Consult)'을 채택했다.

Tip

이오시프 스탈린(1978~1953) 1922년부터 1952년까지 소련 공산당 중앙위원회 서기장을 지낸 정치인이자 독재자. 미국 루스벨트 대통령은 제2차 세계대전이 막바지로 치닫던 1945년 2월, 아시아 지역에서의 전쟁을 빨리 끝내고자 스탈린에게 참전을 요구했다. 스탈린은 그해 8월 9일, 일본 항복을 불과 6일 앞두고 군사작전을 개시해 승전국 지위를 차지한 뒤 한반도 북쪽에 대한 신탁통치 권한을 얻는다. 이 결정이 6·25전쟁과 남북분단이라는 비극의 출발점이 됐다.

▲ 1946년 서울에서 일어난 반탁(왼쪽) 및 찬탁 시위(오른쪽) 모습. 1945년 12월 강대국이 한반도에 대한 신탁통치를 결정하자 국내에선 즉각 광범위한 반탁운동이 벌어졌다. 그러나 이듬해 조선공산당을 비롯한 좌익은 찬탁으로 의견을 바꿨다.

북한남침과 5일 만에 도착한 스미스 특임대

북한체제 유지와 도전 02

엊그제 내가 이야기한 백승주 박사의 '대장철새'*는 왜 가져다주지 않는 거야? 독후감을 써서 신춘문예에 제출하려 한다고!

*백승주 박사가 2019년 출간한 에세이집. 전체 제목은 '대장 철새는 헬스클럽 가지 않는다'이다.

다 와간다고!

무슨 일이지?

저는 다급한데 몽돌이는 자기 일이 아니라고 세월아~~하네요.

도착!! 나 왔어!!

 **Tip**

스미스 특임대 6·25전쟁 발발 이틀 후인 1950년 6월 27일 유엔 안전보장이사회가 참전을 결정하자 미국 제33대 대통령 해리 S. 트루먼은 미군을 즉각 파병할 것을 지시했다. 당시 맥아더 미 극동군사령관은 일본에 주둔하던 미 24사단 540명으로 구성된 특수임무부대(Task Force)를 꾸리고 1대대장이던 찰스 스미스 중령 이름을 따 '스미스 특임대'로 명명했다.

Tip

초전기념비와 평화공원 유엔군이 첫 전투를 벌인 오산 죽미령 생존 장병들은 1955년 다시 찾아와 전우들을 추모하는 의미로 540개의 돌을 쌓아 기념비를 건립했다. 오산시는 이곳에 유엔군 초전기념관을 짓고 매년 스미스 부대원과 주한미군을 초청해 기념식을 열고 있다. 초전 70주년을 기념해 2020년 7월 기념관 내외에 스미스 평화관과 평화공원도 개장했다.

◀ 유엔군 초전 기념비. 경기 오산시 죽미령 평화공원에 있다. 이름의 '초전(初戰)'은 6·25전쟁에서 유엔군과 북한군이 '첫 전투'를 벌였다는 의미다.

후세인은 왜 사형됐을까?

북한체제 유지와 도전 03

Tip

사담 후세인(Saddam Hussein, 1937~2006) 1979년 이라크 대통령에 취임했다. 1990년 쿠웨이트를 기습 점령해 걸프전을 일으켰지만 패배했다. 2003년 이라크가 보유한 대량살상무기(WMD)를 제거한다는 명분으로 미국과 이라크 간에 전쟁이 발발했으나 패했고, 미군에 체포된 뒤 전범재판에 회부돼 2006년 사형됐다.

Tip

이라크전쟁 1991년 걸프전 패배에도 불구하고 후세인 이라크 대통령은 유엔의 무기사찰을 거부하고 군비확장을 계속했다. 2001년 9·11테러 이후 미국은 북한, 이라크, 이란을 '악의 축'으로 규정했다. 2003년 3월, 미국과 영국 연합군이 이라크의 대량살상무기 제조를 이유로 이라크를 공격하며 전쟁이 발발했다. 전쟁은 연합군의 승리로 끝났으며 후세인 정권은 붕괴됐다.

◀ 2003년 이라크 주둔 미군에게 체포된 사담 후세인 전 이라크 대통령의 모습. 턱수염이 제멋대로 자라 초췌한 모습이다.

탈북자의 시선 : 보트피플과 마른 발, 젖은 발

북한체제 유지와 도전 04

 **Tip**

보트피플(Boat People) 1973년 베트남 패망 이후 공산정권을 피해 베트남을 탈출한 10만 명의 베트남인을 말한다. 난민이 보트나 어선으로 탈출하는 경우가 많아 '보트피플'이라는 이름이 생겼다. 난민 수가 늘어나면서 베트남 인접국들이 난민 상륙을 거부하거나 강제 송환하자 국제적인 주목을 받게 됐다. 한국에도 부산에 베트남 난민보호소가 있었으나 1993년 2월 폐쇄됐다.

 **Tip** 난민(難民) 전쟁이나 천재지변으로 발생한 이재민을 지칭하지만 최근에는 정치적인 이유로 발생한 집단망명자를 말한다. 1947년 인도의 분열과 팔레스타인 분열, 1948년 팔레스타인전쟁, 1998년 코소보에 대한 세르비아군의 인종청소 때 난민이 다수 발생했다. 유엔은 1946년 국제난민기구를, 1951년 난민고등판무관사무소를 설치해 난민 보호를 위한 보조기관으로 삼고 있다.

▲ 주로 소말리아에서 온 불법 이민자 87명이 탄 고무보트가 이탈리아 람페두사에서 약 40km 떨어진 해상을 떠다니는 모습.

테러지원국으로 지목된 **북한**

북한체제 유지와 도전 05

Tip

테러지원국 암살, 폭파, 폭행 등 공포감을 주는 활동을 통해 정치·경제적 목적을 이루려는 것을 테러라고 한다. 테러행위에 가담했거나 지원하거나 방조한 혐의가 있는 국가가 테러지원국이다. 1979년 미국이 테러를 막기 위해 테러법을 제정하며 지목했다. 현재는 이란, 쿠바, 시리아와 1988년 대한항공 858기 폭파테러 혐의가 있는 북한이 테러지원국이다.

 **Tip**

테러지원국 해제 테러지원국에서 해제되려면 실질적인 조치를 통한 신뢰관계의 재형성이 필요하다. 리비아의 경우 1988년 미국 팬암기 폭파사건 용의자를 10년 만에 인도하고 테러지원국에서 해제됐다. 북한은 2008년 10월 테러지원국에서 해제됐다가 2017년 11월 다시 지정됐다.

▶ 피델 카스트로 쿠바 국가평의회 의장. 그는 미국이 쿠바를 테러지원국으로 지정한 것을 격렬히 비난했다.

북한 김정은 고백외교의 후폭풍

북한체제 유지와 도전 06

Tip **2002년 평양정상회담** 2002년 9월 17일 평양에서 북한과 일본의 정상회담이 열렸다. 당시 김정일 국방위원장과 일본 고이즈미 준이치로 총리가 만난 자리에서 김 위원장은 일본인 14명 납치 사실을 시인했다. 일본인을 납치한 적이 없다는 이전의 입장을 바꾼 것이다. 이에 일본은 국교 정상화를 약속했으나 분노한 일본인들을 의식해 북한과의 수교 교섭 약속은 지켜지지 않았다.

고백외교와 여론외교 고백외교는 진실을 고백해 국가관계를 정상화하는 방법이다. 2002년 북한이 일본 민간인 납치 사실을 시인해 국교 정상화를 꾀한 것이 대표적인 사례이다. 여론외교는 자국민의 정서를 반영한 여론과 여론의 관계를 이용하는 외교 방법이다.

◀ 1977년 13세 때 북한 공작원에게 납치된 일본인 요코타 메구미 씨.

마타하리의 비극과 첩보외교

북한체제 유지와 도전 07

Tip

마타하리(1876~1917) 본명은 젤러(M. G. Zelle). 네덜란드에서 태어나 열여덟 살에 군인과 결혼했다. 결혼생활이 순탄치 않았던 젤러는 이름을 마타하리로 바꾸고 사교춤을 추며 파리에 체류하는 유럽 각국의 상류사회 남자들과 교제하기 시작했다. 각 나라의 정보수집기관들은 이런 마타하리를 첩보활동에 이용했다. 지금은 매혹적인 미모를 활용한 스파이를 마타하리라 부르고 있다.

 **Tip**

첩보활동 특정한 사람을 이용해 정보를 수집하는 활동을 인간정보(HUMINT)라고 하는데, 미인을 이용하면 미인계라고 한다. 특히 첩보활동은 정보를 가진 사람의 허락을 받지않고 정보나 비밀을 획득하는 활동을 말한다. 제1차 세계대전이 일어나자 독일 정보장교와 프랑스 정보기관이 마타하리에게 상대국의 정보를 얻어달라고 제안했던 것이 대표적인 사례다.

◀ 역사상 가장 유명한 여성 스파이였던 마타하리.

윤영하함과 북방한계선

북한체제 유지와 도전 08

Tip

북방한계선 1953년 8월 30일 정전협정에서 유엔군사령부가 해상 충돌을 막기 위해 설정한 해양경계선이다. 클라크 유엔군사령관이 선포했다고해 '클라크 라인'이라고도 한다. 서해 백령도·대청도·소청도·연평도·우도의 5개 섬 북단과 북한 측에서 관할하는 옹진반도 사이의 중간선을 말한다. 북위 37도 35분과 38도 03분 사이에 해당한다.

Tip

윤영하함 우리나라가 보유한 최고성능을 지난 차기 고속정 1번 함의 이름. 2002년 북한과의 서해교전 도중 침몰한 357호 고속정 정장 윤영하 소령의 이름에서 따온 것이다. 해군은 6·25전쟁 57주년과 서해교전 5주기를 앞둔 2007년 6월 15일 최첨단 유도탄고속함을 '윤영하함'이라 명명하고 진수식을 가졌다.

▶ 서해교전 전사자인 윤영하 소령의 이름을 따서 '윤영하함'이라 명명한 440톤급 최첨단 유도탄고속함(PKG)의 진수식.

북한의
핵무기 독트린

북한체제 유지와 도전 09

 **Tip**

6자회담 북한 핵문제의 평화적 해결 방안을 논의하기 위해 대한민국, 북한, 미국, 일본, 중국, 러시아 등 한반도 주변 6개국이 구성했던 다자(多者) 회담. 2003년 8월부터 6회에 걸쳐 회담을 진행했으나 2009년 4월 북한이 회담 파기를 일방적으로 선언하면서 소기의 목적을 이루지 못한 채 막을 내렸다.

Tip

한·미·일 공조를 통한 북핵 억제 2003년 6자회담 구성 당시 목표는 북한 핵개발 억제였다. 그러나 북한은 국제사회의 노력에도 2006년, 2009년 연달아 핵 실험을 감행하며 6자회담 체제를 무력화했다. 이후 신냉전 구도가 강화되면서 우리나라는 한·미·일 안보 공조와 글로벌 공급망 협력을 통해 북핵·미사일 위협에 맞서며 북한·중국·러시아를 견제하고 있다.

◀ 2023년 5월 21일 윤석열 대통령, 조 바이든 미국 대통령, 기시다 후미오 일본 총리가 일본 히로시마에서 열린 한·미·일 정상회담을 앞두고 악수를 나누고 있다.

북핵해결,
복어요리사의 심정으로

북한체제 유지와 도전 10

Tip

복어형 군사력 홍보전략 복어는 불룩한 배 때문에 작지만 커 보인다. 다른 물고기들은 복어의 배만 보고 큰 고기인 줄 알고 공격을 하지 않는다. 복어를 닮은, 과시적인 군사정책을 복어형이라고 한다. 북한은 2019년 기준 국방비가 약 40억 달러로 미국(약 8000억 달러)의 200분의 1에 불과하다. 하지만 복어형 군사력 홍보전략으로 미국에 대응하고 있다.

Tip

빙산형 군사력 홍보전략 수면 위로 드러나는 빙산보다 물에 잠겨 있는 부분이 더 크다는 의미로 빙산형이라 부른다. 실제 군사력을 감추려는 전략으로, 대부분의 국가가 주변국을 자극하지 않고 적정 군사력을 확보하려고 빙산형 홍보전략을 쓴다. 일본이 대표적인 예로, 늘 보통국가임을 강조하면서 조용히 군사력을 증강하고 있다.

◀ 2023년 5월 31일 북한이 군사정찰위성을 실은 '천리마1형'을 발사해 백령도, 대청도에 한때 경계경보가 발령됐다.

Part 4

전쟁과 흥망성쇠

역사 속 전쟁은 대비한 자에게는 승리를,
대비하지 않은 자에게는 패배를 선사한다.
명민하게 국제정세를 살피고 국력을 키운 누르하치는
저 넓은 대륙을 통일했지만,
히틀러의 요구를 들어주며 평화를 갈구한 체임벌린은
세계대전의 첫 장을 열었다.

후금 누르하치의 야망과 전쟁

전쟁과 흥망성쇠 01

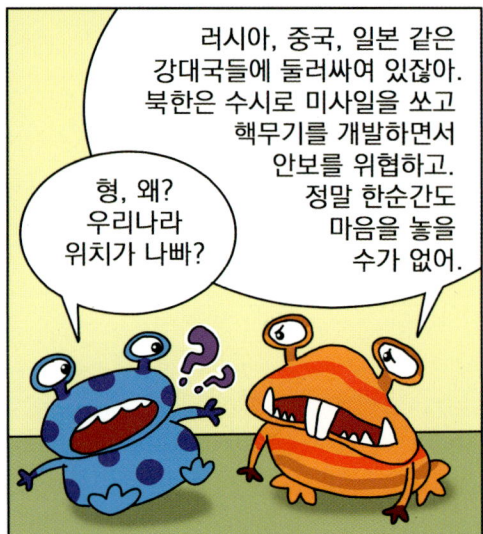

 **Tip**

누르하치(1559~1626) 여진족 부족장 출신으로, 1583년 여러 분파로 흩어져 있던 여진족을 통일하고 후금을 세웠다. 후금 건국 당시만 해도 '명나라의 신하국'을 자처했던 누르하치는 명나라가 임진왜란(1592~1598) 여파로 쇠락하자 이 기회를 놓치지 않고 전쟁을 선포하며 패권 장악에 나섰다. 누르하치 사망 뒤엔 아들 홍타이지가 싸움을 이어가 1644년 명나라를 패망시키고 새로운 시대를 열었다.

 **Tip**

삼전도의 굴욕 1637년 1월 30일, 조선 인조는 지금의 서울 송파구 지역에 있는 한강 나루 삼전도(三田渡)에서 청나라 황제에게 세 번 절하고 아홉 번 머리를 조아렸다. 청나라가 병자호란을 일으켜 한반도를 침략한 지 47일 만의 일이다. 우리 역사에서 가장 치욕스런 순간 중 하나로 꼽히는 이 사건 당시 인조의 절을 받은 청 황제는 누르하치의 아들 홍타이지다.

▲ 서울 송파구 잠실동 석촌호수 초입에 있는 삼전도비(三田渡碑). 병자호란 때 항복한 인조가 청의 요구에 따라 세운 것으로, 원래 이름은 청 태종의 공덕을 기린다는 의미를 담은 '대청황제공덕비(大淸皇帝功德碑)'다.

비단 보자기의 진실과 헤이그 국제정치

전쟁과 흥망성쇠 02

 **Tip**

을사늑약 1905년 11월 17일 일본이 대한제국을 강압해 체결했다. 공식명칭은 한일협상조약이다. 일본은 한국을 보호국이라는 미명하에 식민지화했다. 외교권을 빼앗고 통감부를 두어 정권을 장악하는 것이 주요 내용이다. 을사늑약에 반대해 의병이 일어났고, 고종은 이준 열사를 헤이그에 밀사로 파견하는 등 국권을 회복하려 노력했다.

 **Tip**

만국평화회의와 이준 열사 1907년 고종은 네덜란드 헤이그에서 열리는 제2회 만국평화회의에 특사를 파견한다. 강제 체결된 한일협상조약(을사늑약)은 무효임을 주장하고, 조약 파기를 의제로 상정하기 위해서였다. 이를 알고 일제는 한국 대표의 회의 참석을 방해했다. 네덜란드는 우리 정부의 자주적인 외교권을 승인할 수 없다며 참석을 거부했다. 울분을 참지 못한 이준 열사는 현지에서 자결한 것으로 전해진다.

◀ 네덜란드 헤이그에 있었던 이준 열사의 묘. 1963년 정부가 유해를 봉환해 지금은 서울 강북구에 안장돼 있다.

체임벌린의 전쟁회피론과 히틀러

전쟁과 흥망성쇠 03

히히~ 오랜만에 캠핑을 하네.

재밌다!

그나저나 뚱기는 잘 있나?

한편 뚱기는

날씨가 쌀쌀하니, 캠핑 간 몽돌이가 걱정이네!

찾아봐야겠다!

Tip

네빌 체임벌린(Arther Neville Chamberlain, 1869~1940) 영국의 정치가. 1915년 버밍엄 시장, 1918년 하원의원을 시작으로 보건장관, 재무장관을 거쳐 1937년 총리가 됐다. 체임벌린은 파시즘을 자극하지 않고 평화적으로 해결하기 위해 1938년 뮌헨회담에서 히틀러의 요구를 받아들였다. 그러나 전쟁을 피할 수는 없었다. 1939년 제2차 세계대전이 발발하자 이듬해 총리직에서 물러났다.

 **Tip**

아돌프 히틀러(Adolf Hitler, 1889~1945) 독일의 정치가. 제1차 세계대전 패배로 피폐해진 독일에서 뛰어난 웅변술로 대중의 마음을 사로잡고 총통(대통령 겸 총리)이 되었다. 게르만 민족의 생존권을 확장하겠다는 계획 하에 제2차 세계대전을 일으켰다. 히틀러는 무고한 유대인들을 아우슈비츠 수용소 등 강제수용소와 가스실에서 학살하며 인류 역사상 가장 큰 만행을 저질렀다.

◀ 제2차 세계대전을 일으킨 아돌프 히틀러.

위조지폐와 제2차 세계대전

전쟁과 흥망성쇠 04

 **Tip**

아돌프 히틀러의 위조지폐 작센하우젠 집단수용소에서 여러 나라 화가와 활판인쇄공 등이 나치를 위해 영국 파운드화와 미국 달러화를 만들고 인쇄했다. 히틀러의 위조 파운드화가 유통되면서 유럽 전역이 인플레이션과 큰 혼란을 겪었다. 히틀러는 미국 달러화도 위조지폐를 만들어 유통시키려 했지만 다행히 전쟁이 끝나 수포로 돌아갔다.

 **Tip**

슈퍼노트(supernote, 위조 달러) 북한이 정밀 인쇄기와 특수잉크를 수입해 만든 100달러짜리 위조지폐. 쉽게 감별되지 않아 슈퍼노트라고 불린다. 2005년 미국은 북한을 아돌프 히틀러 이후 처음으로 위조지폐를 생산하는 정권으로 몰아붙이며 경제적 전쟁 행위라고 비판했다.

◀ 미화 100달러짜리 지폐의 앞면(위)과 북한에서 2003년에 위조한 100달러짜리 슈퍼노트(아래).

체력이 튼튼해야 백두산도 우리 것!

전쟁과 흥망성쇠 05

Tip

백두산 북한 양강도(량강도) 삼지연군과 중국 지린성의 경계에 있는 산이다. 높이 2744m로 우리나라에서 제일 높은 산이다. 백색의 바위 때문에 흰머리처럼 보인다 하여 백두산이라 부른다. 백두산에서 백두대간이 시작되며 단군신화에 등장하는 성지이기도 하다. 정상에는 칼데라호인 '천지'가 있다.

Tip

백두산 정계비 1712년(숙종 38년) 백두산에 세운 조선과 청나라의 경계비다. 청나라는 백두산이 자기들 땅이라며 1712년에 사신을 보내왔다. 이때 조선 관리가 산을 오르지 못해 일방적으로 경계비가 세워졌다. 1909년 일제는 남만주에 철도부설권을 얻는 대가로 청나라에 간도지방을 넘겨줬고, 만주사변 때 경계비마저 철거해버렸다.

◀ 백두산 천지(왼쪽)와 백두산 정계비(오른쪽).

한·중관계도 자주 바뀐다

전쟁과 흥망성쇠 06

 **Tip** **국가 간의 친소관계** 국가 간의 관계는 다양하게 표현될 수 있다. 전쟁을 기준으로 본다면 교전상태, 휴전상태, 종전평화상태로 나눌 수 있다. 양국이 공식적 외교관계를 맺지 않고 있다면 미수교관계라고 하고 관계 정상화를 맺고 있다면 수교관계라고 한다. 2008년 한국과 중국은 양국의 관계를 '전면적 협력 동반자 관계'에서 '전략적 협력 동반자 관계'로 발전시켰다.

> **Tip** 중국의 다섯 가지 양국관계 유형 중국 정부는 상대국의 국제적 지위, 지리적 위치, 구체적 현안 등을 고려해 양국관계를 크게 다섯 가지 유형으로 나눈다. 첫째, 미국 및 러시아로 전략적 동반자 관계다. 둘째, 프랑스·영국·인도 등 전략적 협력관계다. 셋째, 카자흐스탄·베트남 등 선린우호 협력관계다. 넷째, 우호협력관계다. 다섯째, 전통적 선린우호관계로 북한에만 해당된다.

◀ 박진 외교부 장관이 2022년 7월 7일 인도네시아 발리에서 열린 G20 외교장관 회의에 참석해 왕이 중국 외교부장과 악수하고 있다.

 **Tip**

9·11테러 2001년 9월 11일 오전 9시부터 오후 5시 20분 사이에 일어난 테러를 말한다. 항공기를 납치한 자살테러로 미국 뉴욕의 110층짜리 세계무역센터 쌍둥이 빌딩이 무너지고, 워싱턴의 국방부 청사(펜타곤)가 공격을 받았다. 이 참사로 시민 2996명이 현장에서 사망하고 부상자가 약 2만 5000명 발생했으며, 24만여 명이 실종됐다.

> **Tip**
>
> **AT**(After Terror)**시대** 9·11테러 이후의 시대라는 의미다. 테러가 국제정세에 큰 영향을 미쳤다는 뜻을 포함하고 있다. 부시 미국 대통령과 미국 정부는 테러리스트를 보호하는 세력을 악마로 규정하고 9·11테러를 기획한 오사마 빈 라덴을 보호하고 있다는 이유로 아프가니스탄의 탈레반 정부를 공격하고 붕괴시켰다.

◀ 9·11 당시 자살비행기 테러공격을 받고 화염에 휩싸인 모습. 왼쪽부터 세계무역센터 쌍둥이 빌딩, 미국 국방부 건물, 세계무역센터 빌딩의 잔해.

일본의 평화헌법

Tip **일본의 평화헌법** 제2차 세계대전에서 패한 뒤 1946년 11월에 공포한 일본의 헌법 제9조의 별칭이다. 승전국인 미국 주도로 만들어진 평화헌법에 따르면, 일본은 국제평화를 성실히 지키고 군대와 교전권도 포기해야 한다. 하지만 6·25전쟁을 핑계로 1954년 자위대를 창설하고 군대유지권도 되찾았다. 핵무기를 제외한 최신 무기로 무장한 일본은 평화헌법을 고치려 하고 있다.

Tip

자위대 일본이 치안유지를 내세워 창설한 군대다. 평화헌법에 따라 군대를 보유할 수 없지만 6·25전쟁을 핑계삼아 만들었다. 1990년대 이후 일본의 정치지도자들이 우경화하며 헌법에 자위대 보유를 명문화해야 한다고 공공연하게 주장하고 있다. 자위대는 아시아 최강의 군대로 언제라도 100만 이상의 병력을 동원할 수 있어 한국의 50만 병력과 큰 차이를 보인다.

◀ 일본 자위대가 국내외 테러와 다른 '비상 상황'에 대처하기 위해 발족한 특수부대인 '중앙신속대응군'(왼쪽)과 일본의 평화헌법 개악을 저지하려는 한국과 일본의 시민단체(오른쪽).

노르웨이 왕세자 부부와 유엔기념공원

전쟁과 흥망성쇠 09

Tip

노르웨이 왕세자 부부의 유엔묘지 참배 6·25전쟁에 참전했다가 전사한 외국 군인들이 부산 유엔기념공원에 안장돼 있다. 노르웨이는 당시 비전투요원 623명을 파견했는데 라이다 트베이트 씨가 목숨을 잃고 말았다. 2007년 노르웨이의 호콘 왕세자 부부는 유엔기념공원을 방문해 라이다 트베이트 씨의 묘지에 참배했다.

Tip

노르웨이 | 북유럽 스칸디나비아 반도의 서쪽지방에 자리한 1인당 국민소득 6만 4000달러의 부유한 나라다. 제2차 세계대전 당시 독일에 점령당해 강제수용소에 3만 명 이상이 수용되는 고통을 겪어 유엔 창설을 적극 지원했다. 유엔의 요청에 따라 6·25전쟁 때 지원병력을 파견했다. 우리나라와는 1959년, 북한과는 1973년 수교했다.

◀ 호콘 마그누스 노르웨이 왕세자 부부의 유엔묘지 방문 모습.

클레오파트라의 미모도 외교전략

전쟁과 흥망성쇠 10

Tip

클레오파트라 7세(Cleopatra VII, 기원전 69~기원전 30) 이집트 프톨레마이오스 왕조의 여성 파라오. 권력다툼에서 밀려나자 카이사르(시저)를 움직여 파라오 자리에 복귀하고 반대파를 물리친다. 카이사르가 암살되자 안토니우스와 인연을 맺고 결혼까지 한다. 옥타비아누스에 대항해 안토니우스와 함께 악티움 해전을 벌여 재기를 꾀했지만 결국 패배하자 극단적 선택을 했다.

 **Tip**

뛰어난 외교적 지략가, 클레오파트라 파스칼이 '클레오파트라의 코가 조금만 낮았어도 역사가 바뀌었다'고 평가할 정도로 미모와 외교력으로 세계 역사를 쥐락펴락한 여장부다. 옥타비아누스는 클레오파트라를 로마를 짓밟을 이집트 여인이라고 말했다. 강대국 로마 정치인을 좌지우지하며 이집트를 지킨 뛰어난 지략가이자 현실적인 외교감각을 지닌 정치가였다.

▶ 영화 '클레오파트라'에서 클레오파트라 역을 맡은 엘리자베스 테일러와 시저 역의 렉스 해리슨(왼쪽). 영화 '시저와 클레오파트라'에서 클레오파트라로 나오는 비비안 리와 시저 역의 클로드 레인스(오른쪽).

1판 1쇄 발행 2009년 6월 26일
개정증보판 1쇄 발행 2023년 11월 30일

지은이 | 백승주
일러스트 | 방수동, 정승혜

펴낸곳 | 동아일보사
등록 | 1968.11.9(1-75)
주소 | 서울시 서대문구 충정로 29 (03737)
편집 | 전화 02-361-1069 팩스 02-361-0979
인쇄 | 도담프린팅

저작권 ⓒ 2023 백승주
편집저작권 ⓒ 2023 동아일보사
이 책은 저작권법에 의해 보호받는 저작물입니다.
저자와 동아일보사의 서면 허락 없이 내용의 일부를 인용하거나 발췌하는 것을 금합니다.

ISBN 979-11-92101-26-2(77340)
값 14,800원